IO MI CHIAMO
TEA ... E TU?

Illustrazioni e testi: Silvia Serreli
Progetto grafico: Romina Ferrari
Redazione: Silvia D'Achille

www.giunti.it

Via Bolognese 165 - 50139 Firenze - Italia
Piazza Virgilio, 4 - 20123 Milano - Italia
Prima edizione: maggio 2015

Ristampa	Anno
6 5 4 3 2 1	2018 2017 2016 2015

MISTO
Carta da fonti gestite
in maniera responsabile
FSC® C023532
FSC
www.fsc.org

Stampato presso Giunti Industrie Grafiche S.p.A. - Stabilimento di Prato

Silvia Serreli

TEA

Ma io sono bella?

GIUNTI Kids

A
B

PER L'ULTIMO GIORNO DI CARNEVALE LA SCUOLA HA ORGANIZZATO UNA FESTA IN MASCHERA.
TEA È ECCITATISSIMA: LA MAMMA LE HA DISEGNATO UN VESTITO DA COCCINELLA CHE LA NONNA ENRICA HA CUCITO CON GLI AVANZI DI STOFFA.
TEA NE VA MOLTO ORGOGLIOSA!

– TU DA COSA TI VESTI? – DOMANDA TEA A CESCO IL GIORNO PRIMA DELLA FESTA.

– È UN SEGRETO! – RISPONDE L'AMICO RIDACCHIANDO. – E TU?

– NON TE LO DICO! – RISPONDE TEA UN PO' RISENTITA: CESCO FA TROPPO IL MISTERIOSO!

IL GIORNO DELLA FESTA LA SCUOLA È PIENA DI COLORE: CI SONO I FESTONI CHE SCENDONO DAL SOFFITTO, LE STELLE FILANTI CHE ROTOLANO QUA E LÀ E, ATTACCATE ALLE FINESTRE, TANTE MASCHERINE VARIOPINTE FATTE DAI BAMBINI. SULLA CATTEDRA E SUI BANCHI, POI, CI SONO PANINI, BISCOTTI, DOLCETTI E SUCCHI DI FRUTTA.

PER TEA È FINALMENTE ARRIVATO IL MOMENTO DI SCOPRIRE LE MASCHERE DEI SUOI COMPAGNI.

– SEI VESTITO DA CUOCO! – ESCLAMA TEA VEDENDO CESCO.

– DA CHEF – LA CORREGGE LUI. – E TU INVECE SEI UNA COCCINELLA!

– SÌ! – CONFERMA TEA ORGOGLIOSA.
CON QUEL VESTITO SI SENTE BELLISSIMA!

– IO SONO UN PIRATA! – INTERVIENE MARCO SEMINANDO OVUNQUE STELLE FILANTI SPRAY.
– E LUI È UN CONO GELATO! – ESCLAMA JOSÈ INDICANDO MALIK.

– GUARDATE COM'È BUFFO PIETRO! – RIDE CESCO VEDENDO ARRIVARE L'AMICO VESTITO DA FETTA DI PIZZA.

– IO SONO LA FATINA DEI FIORI! – ANNUNCIA LIU FACENDO UNA GIRAVOLTA. IL SUO VESTITO È FATTO TUTTO DI VELI E FIOCCHI.

– IO INVECE SONO LA PRINCIPESSA DI UN REGNO LONTANISSIMO! – AGGIUNGE MIRIAM CHE INDOSSA UN VESTITO ROSA E UNA GRAZIOSA CORONCINA DORATA.

– ANCHE IO SONO UNA PRINCIPESSA... SONO UNA PRINCIPESSA D'ORIENTE! – DICE AMIRA CON IL SUO ABITO SCINTILLANTE.

– IO SONO LA REGINA DELLE FIABE – DICHIARA OXANA CHE INDOSSA UN LUNGO MANTELLO ROSSO SOPRA IL VESTITO.

– IO INVECE SONO LA REGINA DELLE GALASSIE – AFFERMA GRETA UN PO' INTIMIDITA.
È RARO VEDERLA CON UN VESTITO: DI SOLITO PORTA I JEANS E LE SCARPE DA GINNASTICA.
– E IO SONO SANDY DELLE WIZZY! – AFFERMA PAULA SCUOTENDO LA BACCHETTA MAGICA PIENA DI BRILLANTINI.

ALL'IMPROVVISO TEA, CHE NEL SUO COSTUME
DA COCCINELLA SI SENTIVA BELLISSIMA,
SI SENTE BRUTTA.
LE SUE COMPAGNE, CON TUTTI QUEI VELI, FIOCCHI,
NASTRI E BRILLANTINI, SONO COSÌ CARINE...
PERFINO GRETA OGGI HA UN VESTITO MAGNIFICO
E SEMBRA UNA VERA REGINA!

DOPO LA FESTA, MENTRE VA A LEZIONE DI JUDO CON LA MAMMA, TEA DOMANDA:

– MAMMA, MA IO SONO BELLA?

– CERTO CHE LO SEI, SEI BELLISSIMA!

MA TEA NON È MOLTO CONVINTA: IN FONDO LEI È LA SUA MAMMA, È OVVIO CHE DICA COSÌ!

– CESCO, CHI È LA PIÙ BELLA DELLA CLASSE? – DOMANDA TEA ALL'AMICO DURANTE LA LEZIONE DI JUDO.

– NON LO SO. CHE DOMANDA È? UFFA! – CESCO DIVENTA ROSSO, S'IMPAPPINA E SBAGLIA LA MOSSA.

– CESCO, NON TI DISTRARRE! – LO SGRIDA IL MAESTRO.

IL GIORNO DOPO LA MAESTRA ELGA VEDE CHE TEA È MOLTO PENSIEROSA…

– COSA FRULLA OGGI IN QUESTA TESTOLINA? – INDAGA.

– ALLA FESTA DI IERI LE MIE COMPAGNE ERANO TUTTE BELLISSIME. IO NON ERO BELLA COME LORO – RISPONDE TEA.

– NON È VERO, ERI BELLISSIMA PROPRIO COME LORO! – AFFERMA LA MAESTRA.

MA TEA CONTINUA A PENSARE ALLE SUE COMPAGNE CHE INDOSSANO SEMPRE VESTITINI E NASTRI E CHE VANNO A DANZA CLASSICA... MICA A JUDO COME LEI!

PER FORTUNA LA MAESTRA ELGA CONOSCE TEA MOLTO BENE E SEMBRA LEGGERLE NEL PENSIERO:

– ESSERE BELLA NON VUOL DIRE INDOSSARE UN VESTITINO INVECE DI UN PAIO DI PANTALONI, NÉ PREFERIRE LA DANZA AL JUDO. LA BELLEZZA NASCE DENTRO DI NOI.

– E CHE COSA VUOL DIRE? – CHIEDE TEA.

– QUANDO SEI A JUDO TI SENTI FELICE? TI PIACE?

– SÌ, UN SACCO!

– E LO LASCERESTI PER FARE LA BALLERINA COME MIRIAM O LIU?

– NO, NO, MAI!

– CAPITO ADESSO? LIU È LIU, MIRIAM È MIRIAM, TU SEI TU. OGNUNA DI VOI È BELLA IN UN MODO UNICO E SPECIALE! – LE DICE LA MAESTRA. – PENSA UN PO' CHE NOIA SAREBBE PER ME AVERE ALUNNE TUTTE UGUALI!

– MI PIACEVI TANTISSIMO IERI, SAI? – LE SVELA GRETA A RICREAZIONE.

– GRAZIE! – RISPONDE TEA.

– IO INVECE MI VERGOGNAVO CON QUEL VESTITO, MA LA MAMMA CI TENEVA TANTO... PERÒ SO GIÀ COME MI VESTIRÒ L'ANNO PROSSIMO!

– E COME? – DOMANDA TEA CURIOSA.

– DA PIPISTRELLO!

– UAU! SARAI BELLISSIMA!

TEA

IN COLLANA

- QUANTO PESA UNA BUGIA?
- COSA C'È NELLA PANCIA DELLA MAMMA?
- A CHI PIACCIONO LE VERDURE?
- PERCHÉ IL BUIO È COSÌ NERO?
- E TU DI CHE COLORE SEI?
- CHI HA PAURA DEI BULLI?
- COSA FACCIO SE MI ANNOIO?
- E SE NON CI RIESCO?
- MA IO SONO BELLA?
- MI REGALATE UN CUCCIOLO?